rer dans leur gloire d'emprunt, ne s'élève-t-il pas bien au-dessus de la grandeur mensongère et caduque dont les regards des hommes sont éblouis? Et toutefois, cette élévation n'a point, par sa nature, l'éclat ou le tumulte de l'élévation mondaine; elle garde toute la simplicité majestueuse de son origine céleste, et démentirait cette origine, si elle ne savait être humble et douce.

Jésus-Christ, quand il vint jeter au monde la semence de la parole et arracher les mortels à leurs divinités de chair et de boue, fit peu de bruit assurément; ses jours furent graves et purs, ses heures bien remplies, et, après qu'il eut assez souffert pour nos péchés, il mourut à la fin de la jeu-
... Voilà cette vie si merveilleuse

poète faisait naguère ce chaste et gracieux portrait :

Autrefois on l'a vu venir de Galilée,
Ses cheveux sur son front tombant avec candeur,
Dans la force de l'âge et toute sa splendeur,
Calme et majestueux ; sa longue robe blanche,
Négligemment liée à son cou, qui se penche,
Tombait jusqu'à ses pieds, et les plis gracieux,
Dans le goût d'Orient, revenaient sur ses yeux.
Or, telle de ses yeux était la douce flamme,
Qu'à le voir seulement, on devinait son ame,
Et, si douce sa voix, qu'un aveugle eût cru voir
Son regard angélique et pur comme un miroir.
Philosophe essénien, amoureux des symboles,
De sa bouche abondaient les longues paraboles,
Des mots mystérieux, sous lesquels il couvrait
Sa doctrine, puisée au lac de Nazareth ;
Tous préceptes de paix, de douceur, d'indulgence,
La tendre humilité, l'horreur de la vengeance,
Et le mépris du monde, et l'espoir vers le ciel,
Qui prend soin du ciron et de la mouche à miel,
Et revêt tous les ans les lis de la vallée
D'une robe de neige, et qu'ils n'ont pas filée,
Plus belle, en vérité, que dans tout son pouvoir
Le grand roi Salomon n'en put jamais avoir.
Ainsi, compatissant, il allait sur la terre,
Faisant fléchir la loi pour la femme adultère ;
Aux hommes ne parlant que de fraternité,
Et sans faste orgueilleux prêchant la pauvreté,

LE PRÊTRE.

—

n l'a dit : notre siècle emporte
île-mêle dans ses limons,
ɜ qu'une race ardente et forte
ıt de splendeurs et de grands noms.
out s'en va, manoirs, basiliques,
urs vénérés, saintes reliques ;
out s'en va lambeau par lambeau :
eux débris d'une vieille race,
ont la France se débarrasse,
vec la hache et le marteau.

siècle ! était-ce donc là l'œuvre
ue ton bras s'était imposé ?
est le vil marteau d'un manœuvre
ui te fait raison du passé !
ncor si ta folle colère
e s'acharnait que sur la pierre,
ais non ; la ruine est ailleurs ;
a hache encor pleine de boue
e redresse, entasse et secoue
e monument des vieilles mœurs.

œurs ! oh ! voilà ce qui croule,
é par tous les vents ;

Voilà ce que maudit la foule
Dans les richesses de nos temps.
Eh bien ! c'est à nous de le dire ;
C'est à nous, quand on veut proscrir
L'autel désert et mutilé,
C'est à nous d'entrer dans la rue,
Et de rasseoir chaque statue
Sur son piédestal ébranlé.

Le Prêtre ! oui, je le dis sans crainte
Je le proclame devant tous,
C'est la figure la plus sainte
Qui se rencontre parmi nous.
Le Prêtre c'est la haute image,
Le vivant débris d'un autre âge,
D'un passé toujours combattu.
Le Prêtre, c'est une puissance,
C'est la grandeur de l'innocence,
La royauté de la vertu.

Le Prêtre ! à ce mot qui la blesse,
La foule rit d'un air moqueur ;
Car l'orgueil humain se redresse,

NOUVELLE
MÉTHODE DE LECTURE,

PAR LAQUELLE

L'ÉLÈVE APPREND A LIRE

PRESQUE SEUL,
ET PLUS PROMPTEMENT QUE PAR LA PLUPART DES AUTRES MÉTHODES,
OFFRANT D'AILLEURS
L'AVANTAGE DE DISPOSER A L'ORTHOGRAPHE.

Par M. Dalloz,
MAÎTRE DE PENSION.

LYON.
FR. GUYOT, IMPRIMEUR-LIBRAIRE,
GRANDE RUE MERCIÈRE, 39,
AUX TROIS VERTUS THÉOLOGALES.

1836.

Propriété.

Avis.

La présente Méthode de Lecture a été éprouvée, pendant le mois de juin dernier, sur huit militaires du premier régiment d'infanterie de ligne. Ils ne savaient aucunement lire en entrant chez moi, comme pourrait l'attester M. le Colonel de ce régiment. Le temps ne m'ayant permis de donner que vingt leçons, voici quel a été le résultat de l'épreuve :

Après la *vingtième* leçon, trois de ces militaires lisaient couramment toute sorte de mots; deux autres lisaient un peu moins couramment, mais en étudiant pendant quelques secondes les mots qui les embarassaient, ils parvenaient à les lire tout seuls. Car un des premiers avantages que procure cette Méthode, c'est de mettre l'élève en état de pouvoir travailler seul; ce qui n'est pas possible par les autres méthodes. Aussi l'on peut croire qu'une grande personne apprendrait à lire en *dix* leçons d'après cette Méthode, pourvu qu'on lui laissât un intervalle de plusieurs jours entre chaque leçon.

Quant aux enfants, on ne peut pas préciser combien il leur faut de leçons pour apprendre à lire. Mais on sait que par les méthodes ordinaires, ils n'emploient pas moins de trois à six mois. Celle-ci abrége les difficultés; car ils n'ont à étudier d'abord que *quarante* signes simples ou composés, que le secours d'une gravure leur rend bien plus faciles à retenir, toujours intéressants à étudier, et faciles à prononcer, même sans le secours du maître.

Il est vrai qu'un certain nombre de sons, soit *voyelles*, soit *consonnes*, sont susceptibles d'être représentés de plusieurs manières; mais cela n'a lieu que pour quelques-uns, et n'introduit pas plus de *vint-cinq* autres signes; ce qui porte à *soixante-cinq* environ le nombre des lettres ou assemblages de lettres à étudier avant de passer à la lecture des mots.

Je suis convaincu que l'élève qui connaît ces *soixante-cinq* signes, a acquis plus des trois quarts des connaissances qui lui sont nécessaires pour lire la presque totalité des mots. Il ne lui reste plus qu'à étudier quelques règles générales faciles à saisir, après quoi il passe tout de suite à la lecture des mots. Je hais cette kyrielle interminable de syllabes sur lesquelles on fait ordinairement gémir l'élève avant de passer à des mots entiers. Pourquoi ne pas commencer par des mots à syllabes simples? La lecture d'un mot de cette espèce présente moins de difficultés que celle d'une infinité de syllabes. Mais une syllabe ne présente point d'idée à l'esprit de l'élève; tandis qu'un mot qu'il comprend, y laisse une trace sensible. L'élève acquiert ainsi des notions qui se multiplient à chaque moment.

Le maître explique. L'élève commence à jouir du fruit

de ses peines, et cette première jouissance double son courage et l'activité de son intelligence.

Ma Méthode est essentiellement *épellative*. Je respecte beaucoup l'opinion et le savoir de plusieurs Instituteurs de mérite qui, depuis quelques années, se sont efforcés d'améliorer les méthodes anciennes, quoique en se déclarant contre le système d'épellation. Je reconnais avec ces auteurs que l'ancienne méthode d'épellation doit être proscrite, comme incapable de surmonter un grand nombre de difficultés qui se rencontrent dans la pratique. Je ne parle pas de l'ancienne épellation des lettres *bé*, *cé*, *dé*.... tout le monde convient qu'elle est vicieuse, parce qu'elle donne aux consonnes une prononciation qu'elles doivent immédiatement changer par leur iaison avec les voyelles. Mais j'entends parler aussi de la méthode d'épellation plus rationelle où, les consonnes se prononçant *be*, *de*, *fe*, il devient facile d'en lier la prononciation à la voyelle suivante, en faisant disparaître l'*e* muet qui sonne à la fin de chaque consonne.

Mais comme, dans cette Méthode, on voulait donner un son à chaque lettre séparée, avant de composer une syllabe, on se trouvait, dans bien des cas, obligé de réformer ou d'annuler ce premier travail, pour la prononciation de la syllabe. En effet, dans les syllabes *eu*, *ou*, *an*, etc., si l'on essaie de prononcer séparément les deux lettres, on aura deux sons différents entre eux et différents de celui que doit avoir la réunion des deux lettres. La difficulté était encore plus grande dans les syllabes *eau*, *oi*, *ien*. Plusieurs consonnes embarrassaient aussi les commençants, par exemple : *gn*, *ch*, *ill*, *ph*, *composés* où l'on ne retrouve plus le son des éléments composants.

On voit que toute la difficulté consiste à trouver la prononciation de la syllabe. Je conviens que le moyen employé généralement autrefois était au moins insuffisant.

En conséquence, les réformateurs ont proposé d'exercer l'enfant à lire tout de suite les syllabes, en commençant par les plus simples et graduant les difficultés. D'autres, même, ont essayé de faire lire par mots entiers. Toutes ces marches peuvent procurer des résultats plus ou moins satisfaisants, selon le degré d'intelligence de l'élève, et surtout selon l'habileté du maître.

J'ose croire cependant que ces méthodes ne sont pas les plus simples, les plus naturelles.

En effet, dans la méthode de lecture *sans épellation*, on fait d'abord apprendre à l'élève quelques centaines de syllabes. La combinaison de quelques centaines de syllabes pouvant former un nombre considérable de mots, il arrive que l'élève peut lire beaucoup de mots, dès qu'il connaît une certaine quantité de syllabes. Mais dans la Méthode que j'offre au public, je ne demande à l'élève que la connaissance d'environ *soixante-cinq* lettres ou assemblages de lettres, et l'intelligence de quelques règles (*pages* 11, 13, 14, 16, 17, 18), qui sont extrêmement simples et facilement saisies dès que l'élève sait distinguer les voyelles des consonnes ; après quoi il n'emploie plus que quelques jours pour être en état de lire.

Voici, du reste, la question que je me suis proposé de résoudre :

« Pourquoi l'élève qui connaît toutes les lettres de
« l'alphabet, ne peut-il pas lire toute sorte de syllabes,
« puisque toute syllabe est composée d'une ou de quel-
« ques-unes de ces lettres ? »

Pour trois raisons principales : 1°, parce que certaine

lettres ne se prononcent pas après leur réunion avec d'autres, comme lorsqu'elles sont seules ; 2°, parce que certaines consonnes ne se prononcent pas dans le corp ou à la fin des mots ; 3°, parce que l'élève ne sait pas d'abord où commence et où finit chaque syllabe.

Je me suis donc attaché à lever ces trois difficultés.

D'abord certaines lettres ne se prononcent pas après leur réunion avec d'autres comme lorsqu'elles sont seules.

En d'autres termes : Le nombre des sons simples, ou élémentaires, est plus considérable que celui des lettres de l'alphabet. D'où il suit que certaines combinaisons de lettres sont des signes vraiment nouveaux introduits dans l'écriture pour figurer des sons qui n'avaient point de signes propres parmi les *vingt-cinq* lettres de l'alphabet. D'où il suit encore qu'il faut rechercher le nombre des sons élémentaires qui concourent à la formation des mots d'une langue, et étudier ensuite les signes qui les représentent. Or les sons élémentaires qui entrent dans la formation des mots parlés dans notre langue française, ne s'élèvent qu'à *trente-et-un*. Ils sont tous exprimés par les caractères suivants : *a*, *e*, *é*, *è*, *i*, *o*, *u*, *eu*, *ou*, *an*, *in*, *on*, *un* ; *b*, *k*, *d*, *f*, *g* (son dur), *j*, *l*, *m*, *n*, *r*, *p*, *s*, *t*, *v*, *z*, *ch*, *gn*, *ill*.

Ces sons, ainsi que les signes qui les représentent, se divisent en deux grandes classes, ou familles naturelles, savoir : les *sons voyelles* et les *sons consonnes*. J'appelle voyelles *les sons simples*, *faciles à produire*, *qui se prononcent la bouche modérément ouverte et presque sans le secours de la langue*, *lesquels forment la base de la voix humaine*. Il y en a *treize*. De plus, il existe *quatre* de ces sons voyelles qui, combinés deux à deux, forment *trois* voyelles composées ou *diphthongues*, qui sont représentées par des signes autres que les signes élémentaires.

Ce sont : *i* et *in* représentés par *ien*,
ou et *in* . *oin*,
ou et *a* . *oi*.

Voilà donc *trois* nouveaux signes nécessairement ajoutés aux *treize* premiers : en tout *seize* signes pour représenter les voyelles de la manière la plus simple possible.

Les sons consonnes, au contraire, *sont en général moins faciles à prononcer, et exigent tous le concours plus marqué de la langue, ou des différentes parties de la bouche, et souvent même des fosses nasales.*

Les consonnes sont au nombre de *dix-huit*. *Trente-quatre* caractères suffisent donc pour résoudre ce problême :

> *Un mot étant prononcé, écrire ce mot de manière qu'une personne qui sait lire, puisse toujours reconnaître la pensée de celui qui l'a écrit, ou qu'une personne qui veut noter ses idées, puisse toujours le faire, du moment qu'elle sait tracer des caractères.*

Si l'écriture demeurait à cet état de simplicité, l'art d'apprendre à lire ne serait pas le plus difficile des arts, comme le disait d'Alambert.

Mais l'usage a introduit plus de signes qu'il n'existe de sons élémentaires, et c'est ce qui complique la difficulté. Il ne faut pas en conclure cependant que toutes les voyelles et les consonnes puissent être écrites de plusieurs manières. Heureusement il n'y en a qu'un petit nombre qui aient ce privilége. Ainsi, des *treize* voyelles simples, il n'y a que *é*, *è*, *i*, *o*, *an*, *in*, *on*, c'est-à-dire *sept* sur *treize* qui puissent s'écrire de plusieurs manières (Voyez le tableau des *voyelles équivalentes*, page 9).

Parmi les consonnes on trouve seulement *qu*, *s*, *t*, *ge*, *gi*, *z* et *f* qui aient d'autres consonnes équivalentes (Voyez le tableau, page 10).

J'aurais donc pu me contenter de faire d'abord apprendre à l'élève les *trente-quatre* lettres mentionnées ci-dessus, et faire ensuite étudier les deux tableaux des voyelles et des consonnes équivalentes; mais comme le *c* et le *g* sont d'un emploi fréquent, et que ce sont les deux consonnes qui présentent le plus de difficulté, j'ai arrêté long-temps l'attention sur ces deux lettres, et je leur ai consacré six gravures. Je pose en principe que *c* se prononce *ke*, mais *ce* et *ci* se prononcent *se*, *si* sans exception. J'offre en cela l'exemple, et non la règle. Toutes les fois donc que l'élève trouvera *ce*, *ci*, il prononcera *se*, *si*, et partout ailleurs *ke*. Je crois que c'est le moyen le plus simple d'aplanir la difficulté. Il en est de même de *g*.

La consonne *q* ne s'employant jamais en français sans le concours de *u*, je joins ces deux lettres, en leur attribuant la prononciation de *ke*. En cela je fais une répétition, puisque le son *ke* a déja été rendu par *c*; mais c'est à dessein et pour éviter de surcharger le tableau des lettres équivalentes.

La lettre *h* seule n'ayant point de son, ne figure pas à la place qu'elle occupe ordinairement dans l'alphabet; mais elle figure à la fin parmi les consonnes composées; car *ch* est une véritable consonne représentant un son simple qui n'est rendu par aucune des *vingt-cinq* lettres de l'alphabet ordinaire. Il en est de même de *gn* et de *ill*, qui sont aussi de véritables consonnes; car elles expriment des sons simples et non encore exprimés par d'autres lettres.

La lettre *x* est aussi une véritable consonne composée, mais quant au son seulement. Elle présente des difficultés : aussi les grammairiens s'en occupent-ils, en traitant de la prononciation des lettres.

Par là je porte à *seize* le nombre des voyelles, et à *vingt-quatre* celui des consonnes à étudier tout de suite, comme on le voit à la page 1 et à la page 4, et dans les gravures en face de ces pages.

Ces gravures sont disposées par tranches de quatre, avec une lettre à chaque case. La page en regard contient le même nombre de lettres disposées autrement, mais cependant de manière que l'élève puisse facilement trouver dans la gravure la lettre qu'il étudie ailleurs.

Voici maintenant quelques avis sur la manière de s'y prendre pour obtenir beaucoup de succès :

Page 1. Pendant plusieurs jours faites lire l'élève seulement dans la planche des gravures. Exercez-le d'abord à dire sans hésiter, *papa*, *lune*, *carré*, etc.; ensuite faites nommer chaque figure en répétant le son final qui se trouve précisément être celui de la lettre qui est au dessous de chaque gravure : *papa*, *a*; *lune*, *e*.... Ayez soin qu'il voie bien et qu'il montre la lettre prononcée.

Après ces exercices, faites prononcer la lettre toute seule sans nommer la figure ; puis couvrez la figure et ne laissez voir que la lettre. Couvrez ensuite toute la planche avec un carré de carton, et passez à l'étude des mêmes voyelles, à la page en regard. Attachez-vous seulement aux minuscules : ce sont les plus importantes pour la lecture. Si l'élève hésite, le maître ne doit pas lui nommer la lettre qui l'embarrasse, mais seulement lui laisser la liberté de consulter la gravure qui lui donnera aussitôt le son de la lettre.

Continuez ces exercices jusqu'à ce que l'élève ne se trompe point, et dites-lui souvent qu'il lit les voyelles; car cette connaissance lui est indispensable pour la suite.

Page 2. Elle ne contient que des répétitions des *seize* voyelles, d'abord dans l'ordre du premier tableau, et ensuite disposées différemment. De temps en temps, il est bon que l'élève en prononçant une lettre, nomme l'image qui lui en a donné le son. Ainsi en lisant *i*, *u*, l'élève fera bien de dire *épi i*, *bossu-u*, comme s'il avait la gravure sous les yeux. Cet exercice est très utile pour distinguer les voyelles des composés. Répétez pendant quelques jours, et passez aux consonnes.

Page 4. Cette page contient le tableau des consonnes simples ou composées; mais l'étude en est plus difficile que celle des voyelles : 1°, parce qu'elles sont en plus grand nombre; 2°, parce qu'elles sont souvent plus difficiles à prononcer; 3°, parce que le son de chaque consonne (excepté *x*, *ch*, *gn*, *ill*) est donné par le commencement du nom de chaque image, ce qui déroute un peu l'élève habitué à répéter la fin des mots pour trouver le son des voyelles. Il paraît, au premier aperçu, qu'il eût été plus simple d'employer des mots dont la fin donnât la prononciation de chaque consonne. Cela est vrai sous certain rapport. Mais, puisque la consonne se prononce toujours comme jointe à un *e* muet, il eût fallu choisir des mots terminés par *e* muet, excepté pour *f*, *l*, *r* et quelquefois *c*, qui se font sentir ordinairement à la fin des mots. Or, les consonnes devant se lier à toute sorte de voyelles, l'élève qui cherche la prononciation de la consonne au commencement du mot, s'habitue à la séparer de chaque voyelle indistinctement. Ce procédé est donc plus analytique et dispose mieux à l'*épellation*, à la lecture, et en même temps à l'orthographe. En second lieu il n'eût pas été possib'e d'établir la règle générale et les exceptions concernant *c* et *g*.

Enfin, l'élève devant s'habituer de bonne heure à distinguer les voyelles des consonnes, il était utile d'établir une séparation bien tranchée entre ces deux sortes de lettres. Toute réflexion faite, je me suis donc décidé à chercher la prononciation des consonnes au commencement des mots, excepté pour *ch*, *gn ill*, qui du reste s'apprennent assez facilement, et pour *x* qui présente plus de difficulté, en ce que cette consonne a deux sons différents : *gze* et *kse*. Il eût donc été utile d'employer deux gravures pour bien faire comprendre cette lettre ; mais l'espace ne me l'a pas permis. On fera bien cependant d'exercer l'élève à ces deux sortes de prononciations.

La seconde colonne de ce tableau se compose, comme à la page première, des caractères employés dans l'écriture. Il est utile de faire écrire les enfants aussitôt qu'on les met à la lecture, afin d'avoir un moyen de les occuper utilement.

Page 5. Répétition des consonnes.

Page 6. Répétition des voyelles et des consonnes mélangées. L'élève qui peut lire couramment les quatre petites lignes qu'elles occupent, a déja acquis les trois cinquièmes des connaissances qui lui sont nécessaires pour être en état de lire toute sorte de mots. Il lui manque encore la connaissance des lettres qui ont même son, mais non pas même forme, que celles qu'il a déja étudiées (page 9 et 10).

La seconde difficulté qui empêche un enfant de lire,

lorsqu'il connaît toutes les lettres, c'est que *certaines consonnes ne se prononcent pas au milieu ou à la fin des mots.* L'observation par laquelle commence la page 11, et la règle VIe (page 17), lèvent complétement cette difficulté.

Enfin les commençants sont long-temps arrêtés par les difficultés qu'ils éprouvent à distinguer à quelle syllabe appartient chaque consonne. Les règles IV, V et VI (pages 16 et 17) aplanissent cette difficulté.

En résumé, la présente Méthode procure une économie de temps; mais, ce qui est bien plus précieux, elle fournit à l'élève le moyen de travailler seul, et par conséquent, de préparer ou de répéter la leçon donnée par le maître, avantage qui n'existe pas dans la plupart des autres méthodes. En effet, dès que l'élève a oublié comment il doit prononcer une lettre, il ne peut pas surmonter de lui-même la difficulté : il n'a aucun moyen de retrouver un son fugitif qui n'a point de rapport avec la forme des lettres.

Je fais imprimer trois tableaux en gros caractères pour les écoles. Le premier contient les voyelles et les consonnes avec des répétitions; le deuxième, les voyelles et les consonnes équivalentes avec des répétitions plus difficiles; le troisième des pièces de lecture. Quoique le contenu de ces trois tableaux soit extrait de la méthode, il est cependant àpropos que chaque élève ait toujours la méthode à la main, pour recourir aux gravures quand il se croit embarrassé.

Ces tableaux peuvent servir également pour les écoles *simultanées* et les écoles *mutuelles.*

NOTA.

Les Instituteurs et les Institutrices qui me feront directement des demandes, jouiront d'une remise de VINGT pour cent ; c'est-à-dire qu'ils n'auront à payer que *quatre* exemplaires sur cinq.

Quand les demandes seront de *vingt-cinq* exemplaires, on y joindra les trois tableaux en sus.

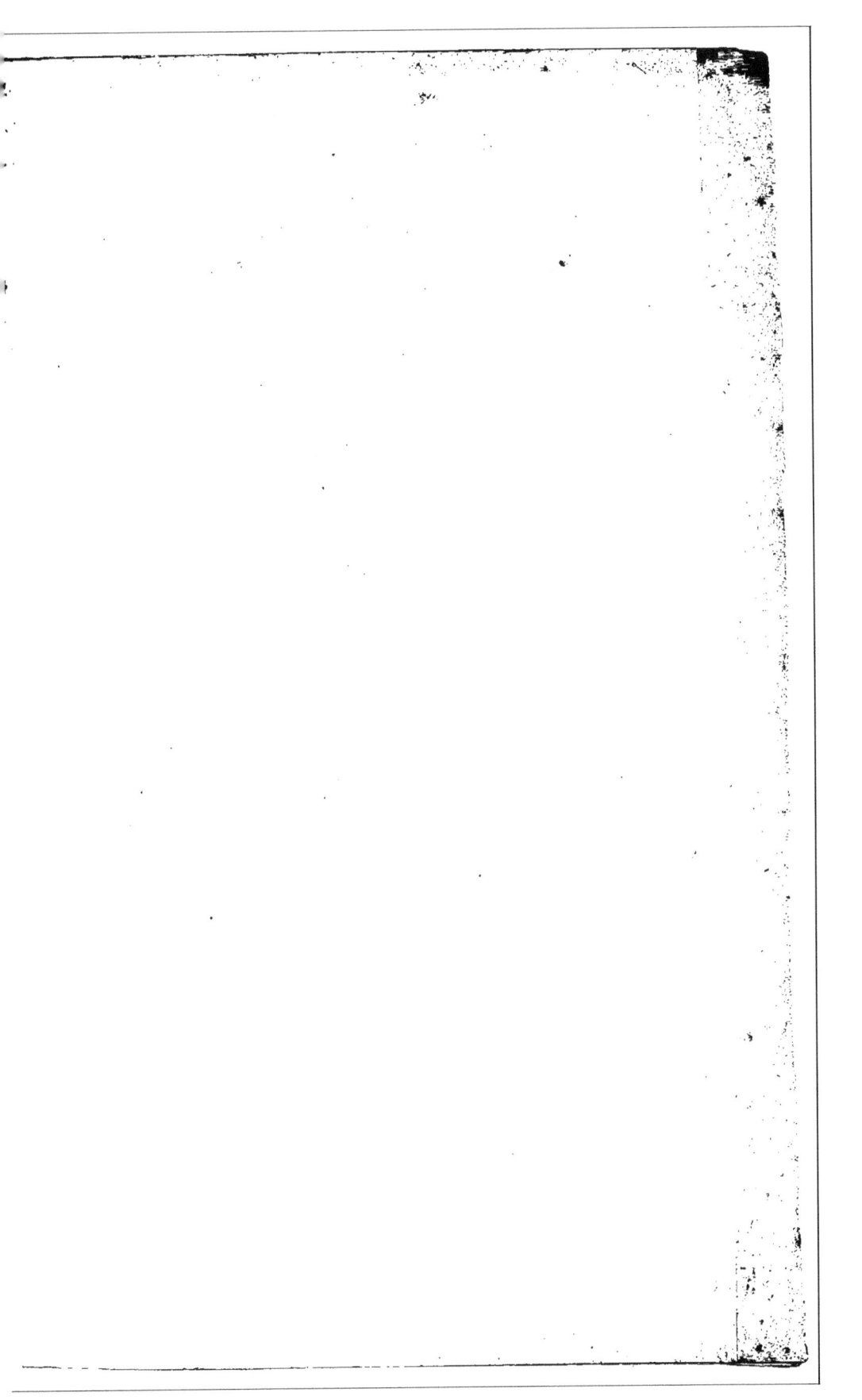

 a A	 e E	 é É	 è È
 iy IY	 o O	 u U	 eu
 ou	 an	 in	 on
 un	 ien	 oin	 oi

PRONONCIATION

Des Caractères employés pour exprimer les sons-voyelles figurés dans la planche Ire.

	Mineures.	Écriture.	Capitales.	
papa,	**a**	*a*	**A**	Voyelles simples.
lune,	**e**	*e*	**E**	
carré,	**é**	*é*	**É**	
soufflet,	**è, ê**	*è, ê*	**È, Ê**	
épi,	**i, y**	*i, y*	**I, Y**	
domino,	**o**	*o*	**O**	
bossu,	**u**	*u*	**U**	
feu,	**eu**	*eu*	**EU**	Voyelles composées.
verrou,	**ou**	*ou*	**OU**	
ban,	**an**	*an*	**AN**	
raisin,	**in**	*in*	**IN**	
canon,	**on**	*on*	**ON**	
habit brun,	**un**	*un*	**UN**	
chien,	**ien**	*ien*	**IEN**	Voyelles doubles ou diphthongues.
coin,	**oin**	*oin*	**OIN**	
roi,	**oi**	*oi*	**OI**	

Exercice. — Montrez la voyelle *o*, *a*, *u*, etc. Même exercice aux consonnes. *Plus tard*, écrivez les voyelles....

11. *Tableau et prononciation des consonnes.*

balance,	b	*b*	B	1
calice,	c, k	*c, k*	C, K	2
cercle,	ce	*ce*	CE	3
ciseaux,	ci	*ci*	CI	4
dez,	d	*d*	D	5
fusil,	f	*f*	F	6
gant,	g, gu	*g, gu*	G, GU	7
genou,	ge	*ge*	GE	8
girouette,	gi	*gi*	GI	9
jambe,	j	*j*	J	0
livre,	l	*l*	L	1
montre,	m	*m*	M	2
nid,	n	*n*	N	3
pipe,	p	*p*	P	4
quille,	qu, k	*qu, k*	QU, K	5
rasoir,	r	*r*	R	6
souliers,	s	*s*	S	7
tonneau,	t	*t*	T	8
violon,	v	*v*	V	9
zèbre,	z	*z*	Z	0
axe,	x	*x*	X	1
hache,	ch	*ch*	CH	2
montagne,	gn	*gn*	GN	3
bouteille,	ill	*ill*	ILL	0

 b B	 c C	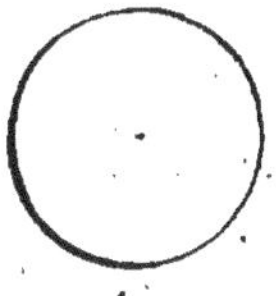 ce	 ci
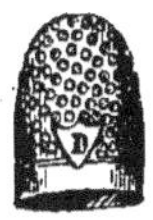 d D	 f F	 g G	 ge
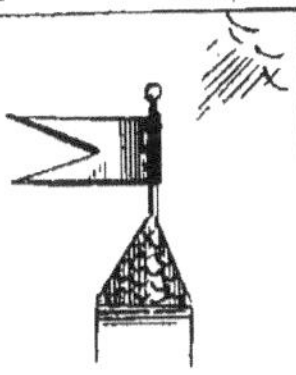 gi	 j J	 l L	 m M
 n N	 p P	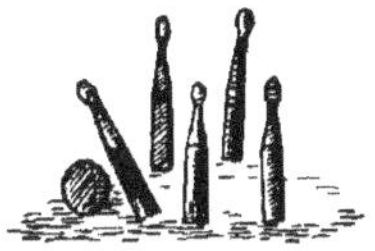 qu QU	 r R
 s S	 t T	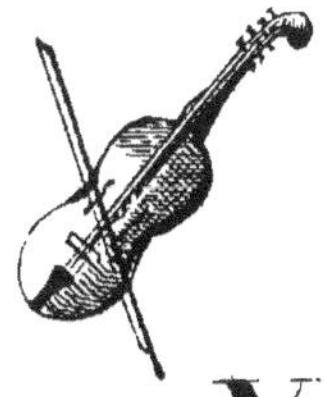 v V	 z Z
 x X	 ch CH	 gn	 ill

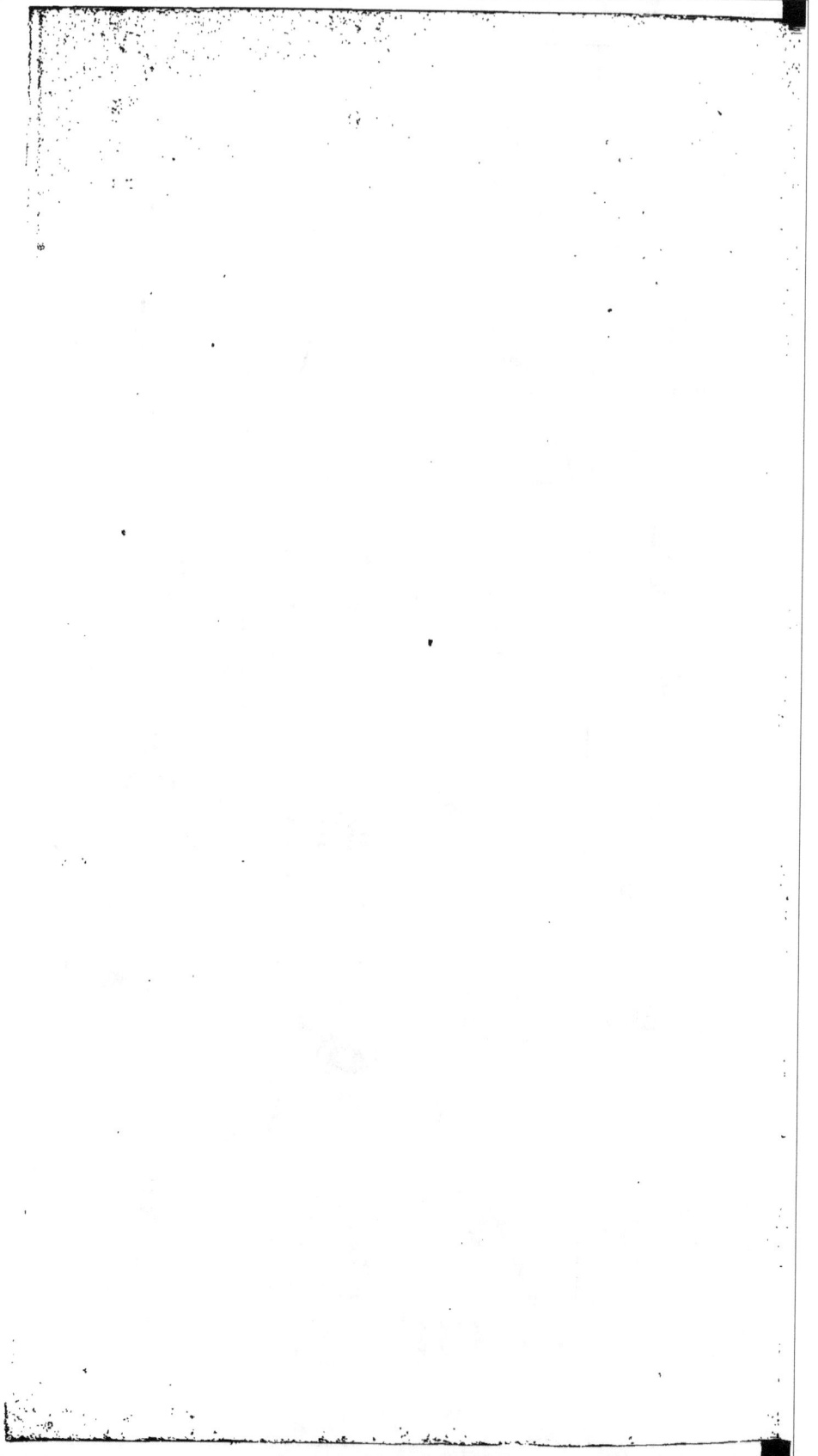

12. RÉPÉTITION DES CONSONNES.

(Le signe * placé après une lettre, indique qu'elle se prononce à la fin des mots comme *vif*, *cruel*.)

b, c, ce, ci, d, f*, g, gu, ge, gi, j, l,* m, 1
n, p, qu, k, r*, s, t, v, z, x, ch, gn, ill. 2

13. *Seconde Répétition.*

x, z, v, t, s, r*, k, qu, p, n, m, l*, j, gi, 3
ge, g, gu, f*, d, ci, ce, b, ch, gn, ill. 4

14. *Autre.*

j, d, c, b, ce, f*, ci, gu, g, l*, ge, m, gi, 5
n, qu, p, k, s, r*, v, t, z, x, ill, ch, gn. 6

Consonnes qui sonnent à la fin des mots.

r, l, f .... c (quelquefois). 7

EXERCICE.

Montrez r, n, etc. 8

15. RÉPÉTITION DES VOYELLES ET DES CONSONNES.

Exercez l'élève à dire si la lettre qu'il lit, est une voyelle ou une consonne.

a, b, c, ce, ci, d, e, é, ê, f, g, gu, i, y, j, l, m, n, o, p, qu, k, r, s, t, u, v, x, y, z, ch, gn, ill, eu, ou, an, in, on, un, ien, oin, oi.

16. *Autre.*

f, ê, k, qu, é, p, e, o, d, n, ci, m, ce, l, c, j, y, b, i, a, gu, r, g, ill, s, gn, t, ch, u, x, v, ou, eu, oin, an, in, on, oi, un, ien.

17. *Autre.*

eu, f, ê, ill, é, gn, e, ch, d, x, ci, v, ce, u, c, t, b, s, d, r, k, oi, qu, p, o, n, oin, m, ien, l, un, j, on, y, in, i, an, gu, ou, g.

18. RÉPÉTITION DES CONSONNES MAJUSCULES.

(On doit ne s'attacher à étudier et à répéter les majuscules qu'après que l'on connaît bien les minuscules. Voyez les *Avis pour se servir de la Méthode*.

B, C, CE, CI, D, F, G, GU, GE, GI, J, 1
L, M, N, P, QU, K, R, S, T, V, X, Z, 2
CH, GN, ILL. 3

19. *Seconde Répétition.*

G, B, GU, C, F, GE, CE, CI, GI, D, QU, 4
J, K, L, R, M, S, N, T, P, V, X, CH, 5
Z, GN, ILL, C, G, CE, GI, CI, J. 6

20. RÉPÉTITION DES CHIFFRES.

4, 3, 5, 7, 9, 6, 4, 2, 8, 1, 0,

5, 3, 6, 9, 7, 4, 3, 4, 2, 4, 7.

21. RÉPÉTITION DES VOYELLES ET DES CONSONNES, EN CARACTÈRES EMPLOYÉS DANS L'ÉCRITURE.

a, b, c, ce, ci, d, e, é, è, ê, f, g, gu, ge,
gi, i, y, j, l, m, n, o, p, qu, k, r,
s, t, u, v, x, z, ch, gn, ill, eu, ou,
an, in, on, un, ien, oin, oi.

22. *Autre.*

(En écrivant, l'élève devra prononcer le son que chaque signe représente. S'il ne peut le faire tout de suite, il aura recours au tableau des voyelles ou à celui des consonnes, page 1 et 4.)

a, g, b, gu, c, f, ce, ê, ci, è, d, é, ge,
qu, gi, k, i, p, j, o, l, n, r, o, ill,
s, gn, t, ch, u, z, x, ou, eu, un, in, an,
on, oi, oin, ien.

(On peut, dans les commencements, et surtout pour les enfants, faire écrire sur l'ardoise ou sur le tableau, ou, avec le crayon, sur le papier.)

23 L'élève connaît à présent tous les sons voyelles ou consonnes, et les signes les plus simples employés pour les représenter. Mais quelques sons peuvent être exprimés de plusieurs manières. Il est donc très important de bien exercer l'élève aux répétitions qui vont suivre. La première colonne contient les caractères que l'élève connaît déja, et à droite, on lit ceux qui peuvent les remplacer, et qui par conséquent se prononcent de même.

SIGNES ÉQUIVALENTS.

Voyelles connues.	
é,	ez, er, ai (1), ... es (2), hé.
è, ê,	ai, ei, et,.... oi (3).
o,	au, eau, ho.
an,	en, am, em.
in,	im, ain, ein.
on,	om.

---

(1) A la fin des mots, et non suivi d'une consonne.

(2) Dans les mots : *mes, tes, ses, ces, des, les.*

(3) Vieille orthographe.

24. *Suite des Caractères équivalents.*

CONSONNÉS.

qu, k, c .... ch.
s, ss, ç, c.
ci, si, ssi, ti (dans les mots finissant
t, th. en *tion.*)
ge, je.
gi, ji.
z, s (entre deux voyelles : *rose, cerise*).
f, ph.
ill, il (final.)

25. RÉPÉTITION DES VOYELLES.

en, ê, ez, an, ai (final), au, er, ho, em, im, ai, ein, om, ain, on, oi (deux manières), ei, an, ê, he (1), th, ç, k, c (d. m.) ch (d. m.) s (d. m.), ph.

---

(1) Nommez à l'élève le signe *h* et dites-lui qu'il ne se prononce pas au commencement des mots.

26. PREMIÈRE REMARQUE.

Les consonnes qui finissent un mot, ne se prononcent pas, excepté *f*, *l*, *r*, et quelquefois *c*. Ainsi les sons voyelles pourront être figurés par les caractères suivants :

a, as, at, ... ac.
e, es, ent (quand on peut mettre devant le mot : *ces personnes*, *ces choses;* exemple : *passèrent.*
é, ez, és, er, ai (final) ... es (*mes*, *tes*, *ses*, *ces*, *des*, *les.*)
è, ê, ai, ais, ait, aient, ei, et, est, ... oi, ois, oit.
i, y, it, is, id.
o, au, aux, aut, eau, eaux, os, ot, aud.
u, us, ut, eu, eus, eut : (*J'ai eu*, *tu eus*, *il eut.*)
eu, eux, eus.
ou, ous, out, oux.
an, ant, ans, en, em, am, ens, ent.
in, ins, ain, ains, eint, eins.
on, ons, ont, om ..... ompt.
un, uns.
oi, ois, oit, oix.
ien, iens, ient.
oin, oins, oint, oingt.

Nota. Cette leçon est des plus importantes.

27. RÉPÉTITION DES VOYELLES FINALES ET AUTRES.

at, es [d. m.], ez, ent [d. m.], as, és, ac, ai [final], it, au, us, eut [d. m.], ous, en, ins, ons, uns, ois [d. m.], iens, oins, ait, is, aux, ut, eux, out, em, ain, ont, oit, oint, aient, ei, id, aut, eu [d. m.], oux, eus [d. m.], ens, ains, om, eins, oingt, ant, ent [d. m.], eau, ans, os, ei, eaux, ait, est, ont, ez, et, ès, est, eut [d. m.], oi [d. m.], ent, ois [d. m.], ent [d. m.], oit [d. m.].

Nota. Répétez cette leçon et les précédentes, jusqu'à ce que l'élève sache sans hésiter. Ces passages sont assez difficiles; mais une fois ces difficultés vaincues, l'élève sera bientôt en état de lire.

28. EXPLICATIONS ET DÉFINITIONS

SUR LESQUELLES IL FAUT S'ARRÊTER AVANT DE PASSER A LA LECTURE DES MOTS

Pour lire avec facilité il faut savoir reconnaître combien chaque mot contient de syllabes.

On appelle *syllabe* une voyelle seule, ou une voyelle accompagnée d'une ou de plusieurs consonnes.

(Il n'y a point de syllabes sans voyelle). Chaque *syllabe* se prononce d'un seul *coup* (1) de voix.

Autant il y a de voyelles, autant il y a de *syllabes* dans un mot. Quand un mot est écrit, il est donc facile de reconnaître combien ce mot a de *syllabes*. De même quand un mot sera prononcé, on connaîtra combien il renferme de *syllabes*, en remarquant combien il faut de *coups* de voix pour le prononcer.

EXERCICE.

Qu'est-ce qu'une syllabe ? Comment connaît-on le nombre des syllabes que contient un mot écrit ? Combien y a-t-il de syllabes dans les mots suivants : *Vérité*, *amitié*, *homme*, *heureux* ?

(Continuez par les mots des tableaux page 1 et 4).

---

(1) Je préfère ce mot pour être mieux compris.

DES SYLLABES (suite).

Combien y a-t-il de syllabes dans les mots que nous allons prononcer?

(Le maître prononcera une trentaine de mots).

Prononcez vous-même des mots, et indiquez combien ils ont de syllabes.

Continuez ces exercices et les répétitions jusqu'à ce que l'élève sache couramment, et réponde sans hésitation. Passez ensuite à l'étude des règles suivantes, après quoi l'élève sera en état de lire promptement toute sorte de mots.

29. RÈGLES POUR LA LECTURE DES SYLLABES ET DES MOTS.

Ire RÈGLE. — Quand une *consonne* est seule au commencement ou dans le corps d'un mot, elle se prononce toujours avec la voyelle qui suit; mais les consonnes finales ne se prononcent pas, excepté *f*, *l*, *r*, et quelquefois *c*.

IIe RÈGLE. — Lisez d'abord une syllabe, ensuite deux à la fois, enfin le mot tout entier.

On lit une syllabe, en prononçant d'abord la consonne, puis la voyelle, et en liant ensuite le son des deux lettres, de manière à faire disparaître le son *e* qu'on fait sentir, mais faiblement, en lisant une consonne toute seule. (L'élève doit trouver tout seul le son des consonnes et des voyelles. S'il est embarrassé, il aura recours aux tableaux des voyelles ou des consonnes. Voyez les *Avis*.)

EXERCICE.

(*Expliquez souvent à l'élève le sens des mots*).

ami, amitié, ame, animé, apothicaire, bâti, bâton, bataille, bouteille, butin, bien, cabane, camarade, canon, calice, ciel, capitaine, cantique, canif, cimetière, cigare, cerise, charité, campagne, cure, dame, dé, décime, déluge, délit, dent, dîné, doute, douzaine, dureté, douceur, doucement, échelon, édifice, écumer, épurer, époque, épi, farine, four, fenil, face, feu, fonderie, fonte, fente, fête, fil, fumée, futilité, figure (*explication sur* g *et* gu), figue, fontaine, faim, gazon, goulot, genou, gigot, girafe, général, gosier.

30. LECTURE DES MOTS (suite).

habit, hameçon, heure, heureux, honorer, hôpital, homicide, île, image, idée, if, jabot, jeûne, jeu, joue, jolie, jaillir, lame, levain, leçon, liége, ligne, loquet, lumière, loup, lune, louange, louer, maladie, médecin, misère, militaire, mouche, montagne, muraille, mouton, mort, navire, nid, noix, odeur, ognon, origine, orient, olive, paradis, pain, pont, pâleur, peur, punition, pureté, patience, potage, qualité, quarante, banque, quart, quête, racine, repos, rêve, réponse, rocher, rondeur, rien, riche, ruche, ruse, salaire, salive, saut, salut, seigneur, soin, sûreté, savoir, talon, tenaille, timon, tintement, tulipe, tombeau, union, usage, univers, valeur, valet, vérité, vigne, violon, zèbre, zéphyr, les yeux. — Papillon, carillon.

Faites comprendre à l'élève que quand *ill* n'est pas précédé d'une voyelle, l'*i* sert de voyelle, et de plus donne aux *ll* un son mouillé; mais ce n'est pas la même chose quand *ill* est précédé d'une voyelle, comme : *soleil, fouille, feuille*, etc.

31. IIIe Règle. — Toutes les consonnes qui commencent un mot se prononcent avec la voyelle suivante.

(En épelant il convient souvent de commencer par la voyelle, on y joint ensuite la consonne qui la précède; on a ainsi une syllabe assez simple; enfin on y joint les autres consonnes qui ne peuvent jamais dépasser le nombre de deux, et en tout trois.)

EXEMPLE.

blouse, branche, travail, stabilité, spiritualité, statue, clou, franchise, pli, plume, pruneaux, travail, stratagême.

IVe Règle. —Quand deux consonnes *différentes* se trouvent dans le corps d'un mot, la première va à gauche, et la seconde à droite. S'il y a un *e* devant les deux consonnes, il se prononce toujours *é* ou *è*.

EXEMPLE.

actif, aptitude, ardeur, action, aspiration, absence, orge, orgue, ornement, orphelin, opticien, ermite, espérance, exercice, expectorer.

32. Ve Règle. — Mais si la seconde des deux consonnes est *l* ou *r*, elles se joignent toutes deux avec la voyelle suivante, comme *écrire*; si, au contraire, la première de ces deux consonnes est *l* ou *r*, les deux consonnes se prononcent séparément.

EXEMPLE.

éblouir, éclat, ébranler, éprouver, réprimande, surprendre, autrui, outrage, astronome, extraordinaire, porte, perte.

VIe Règle. — Deux consonnes de même espèce, comme *ss*, *ff*, *tt*, *pp*, se prononcent ordinairement comme une seule.

EXEMPLE.

accabler, occasion, occuper, oppression, effet, essieu, commerce, attacher, affermir, tonnerre, anneau, honneur, etc.

Mais dans le cas où l'on a deux *cc* suivis d'un *e* ou d'un *i*, le premier prend le son dur (*k*).

EXEMPLE.

accident, succès, accepter,
prononcez : ak-ci-dent, suk-cès, ak-cè-pter.

33. VIIe Règle. — Les consonnes finales, excepté *f*, *l*, *r*, et quelquefois *c*, ne se prononcent pas; mais l'*e* qui précède devient long, et se prononce *è* ou *é*.

EXEMPLE.

fouet, autel, nef, amer, nid, chanter, projet, échec, sec, le nez, vous vivez, vous mourrez, soleil, vermeil.

il final et *ill* ont été considérés comme consonnes.

les, des, mes, tes, ses.

Mais dans les autres mots *s* final ne change pas la prononciation de l'*e*.

EXEMPLE.

la bonté, les bontés; je respire, tu respires, tu parles.

34. Mots qui offrent quelques difficultés.

(*Puisque la prononciation est figurée, l'élève pourra lire seul*).

Mots ou syllabes.	*Prononcez.*
femme	fame,
emment (final),	amant,
EXEMPLE :	
prudemment	pru damant,
emmener	en-mener,
œu, *ex.* œuvre	eu, *ex.* euvre.
œil	euil,
orgueil	or-gueuil,
royaume, paysan	roi-iaume, pai-isan.
(y *entre deux voyelles*).	
haïr, naïf, ciguë (*tréma*).	ha-ir, na-if, ci-gu-e.

Signes pour s'arrêter en lisant.

, virgule,
; point-virgule,
: deux points,
. point,
? point interrogatif,
! point exclamatif.

Quoique en général la consonne finale ne se prononce pas, cependant on la fait sentir souvent quand le mot suivant commence par une voyelle; *s* sonne alors comme *z*.

EXEMPLES.

mes amis, vous êtes heureux. venez ici.
mé-zamis, vou-zête-zheureux. vené-zici.

en effet. un accident. tout à vous
en-neffet. u-nakcident. tou-ta vous.

****

PIÈCES DE LECTURE.

LE LOUP ET L'AGNEAU. — *Fable I.*

un loup buvait dans un ruisseau. un petit agneau y buvait aussi, mais plus bas. le loup avait envie de manger l'agneau. Il l'accusa donc de troubler sa boisson, et le dévora aussitôt.

les méchants abusent souvent de leur force.

LES BERGERS. — *Fable II.*

le berger guillot cria un jour *au loup! au loup!* mais c'était pour s'amuser. les autres bergers coururent à son secours. ils furent tout honteux de se voir trompés. deux jours après, un loup affamé se précipita sur le troupeau malgré le berger et son chien. guillot cria de toutes ses forces *au loup!* les voisins ne vinrent pas, pensant que guillot voulait encore les tromper.

on n'écoute pas les menteurs, lors même qu'ils disent la vérité.

LE LOUP DEVENU BERGER. — *Fable III.*

Un loup s'habilla en berger, pour mieux tromper les brebis du voisinage. Mais quand il voulut parler, il fut découvert. Ses habillements l'empêchèrent de courir et de se défendre contre les chiens, qui le déchirèrent.

Les trompeurs sont tôt ou tard découverts.

LE PANIER DE PRUNES. — *Fable IV.*

Un jeune enfant conservait un panier de prunes que sa mère lui avait données, pour en régaler ses compagnons de jeu. Il avait négligé d'en séparer deux ou trois déja flétries. Bientôt les prunes furent presque toutes pourries.

Souvenez-vous que si vous fréquentez les méchants, vous serez bientôt méchant comme eux.

LA GUENON, LE SINGE ET LA NOIX. — *Fable V.*

Une jeune guenon cueillit
Une noix dans sa coque verte.
Elle y porte la dent, fait la grimace.... « Ah certe !
« Dit-elle, ma mère mentit,
« Quand elle m'assura que les noix étaient bonnes.

« Puis, croyez aux discours de ces vieilles personnes
« Qui trompent la jeunesse! » Au diable soit le fruit!
Elle jette la noix. Un singe la ramasse ;
Vite entre deux cailloux la casse,
L'épluche, la mange, et lui dit :
« Votre mère eut raison, ma mie;
« Les noix ont fort bon goût, mais il faut les ouvrir.»
Souvenez-vous que dans la vie,
Sans un peu de travail, on n'a point de plaisir.

LA CIGALE ET LA FOURMI. — *Fable VI.*

Une cigale avait chanté durant tout l'été. Elle n'avait point fait de provisions pour l'hiver. Quand le froid arriva, elle fut réduite à s'adresser à la fourmi, la priant de lui prêter quelques grains pour subsister, promettant bien de les rendre. Mais la fourmi se moqua de la paresseuse cigale, qui bientôt périt de faim.

Cette fable nous apprend qu'il faut travailler pendant qu'on en a le temps, c'est-à-dire pendant qu'on est jeune.

LE LABOUREUR ET SES ENFANTS — *Fable VII.*

Travaillez, prenez de la peine : le travail est un vrai trésor qui ne s'épuise jamais.

Un laboureur se sentant sur le point de mourir, appela ses enfants, et leur dit : « Gardez-vous de vendre la terre que je vous laisse en héritage : un trésor y est caché. » Quand le père fut mort, les enfants bêchèrent, creusèrent et fouillèrent partout. Ils ne trouvèrent cependant point d'argent; mais le champ qui avait été bien remué, en rapporta davantage.

Les enfants comprirent alors que le travail procure l'abondance.

LE CORBEAU ET LE RENARD. — *Fable VIII.*

Un corbeau perché sur une branche d'arbre tenait à son bec un petit fromage. Un renard attiré par l'odeur en avait bien envie. Il se mit à flatter le corbeau. « Que votre plumage est joli ! que vous êtes beau ! Si vous saviez chanter, vous seriez le roi des oiseaux. » le corbeau ne se sent pas de joie. Pour montrer sa belle voix, il ouvre un large bec ; mais le fromage tombe, et le renard s'en saisit.

Souvenez-vous que celui qui vous flatte beaucoup, veut vous tromper.

LE LION ET LE RAT. — *Fable IX.*

Un rat sortant de terre se trouva entre les pattes d'un lion. Celui-ci pouvait le tuer ; cependant il ne lui fit aucun mal. Plus tard le lion s'était trouvé pris dans des filets, le même rat accourut, et rongea si long-temps les mailles du filet, que le lion fut délivré.

Il faut rendre service à tout le monde : on ne sait ce qui peut arriver.

LA COLOMBE ET LA FOURMI. — *Fable X.*

Une fourmi étant venue boire à un ruisseau, fut entraînée par le courant. Elle allait se noyer. Une colombe la vit et en eut pitié. Elle lui jeta un brin de paille qui la sauva.

Un moment après, la colombe allait être tuée par un chasseur. Mais la fourmi le piqua au talon. Le chasseur se retourna promptement, et fit un peu de bruit. La colombe l'entendit et s'envola.

Vous voyez qu'un bienfait n'est jamais perdu.

LE VIEUX PAPILLON ET LE JEUNE. — *Fable XI.*

« Fuyez, mon fils, fuyez cette flamme infidèle,
Disait un jour à son cher nourrisson
Un vieux routier de papillon.
« Moi-même maintes fois je m'y suis brûlé l'aile ;
« Moi-même maintes fois j'ai manqué d'y rester :
« Fuyez-la donc, vous dis-je, avec un soin extrême ! »
Le jeune papillon promit de l'éviter.
« Mais pourquoi donc, disait-il en lui-même,
Me tant recommander d'éviter ce flambeau ?
Il est si brillant et si beau !
Les vieilles gens sont trop timides ;
Un nain leur paraît un géant,
Un petit moucheron leur est un éléphant.
S'il fallait les prendre pour guides,
On ne verrait partout que piéges, que dangers.
Voyons donc ces lueurs qu'on nous dit si perfides,
Et mettons-nous nous-même en état d'en juger. »
A ces mots, tout autour des flammes homicides,
Notre papilloneau se met à voltiger.
Il n'y ressent d'abord qu'une chaleur flatteuse.
Il suit cette amorce trompeuse,
De plus près il veut la sentir.
La flamme, par sa violence,
Le consume et le fait périr.

Voilà ce que produit la désobéissance.

L'ANE ET LE CHIEN. — *Fable XII.*

L'âne et le chien, suivis de leur maître, allaient en voyage. Le maître s'étant endormi, l'âne se mit à paître l'herbe d'un pré. Ennuyé d'attendre, le chien vint vers l'âne : « Ami, lui dit-il, baisse-toi un peu pour que je puisse prendre mon dîné, dans le panier au pain. — Attends que ton maître s'éveille, pour te donner ta portion. » A ce moment un loup sort du bois tout affamé. L'âne appelle le chien à son secours ; mais celui-ci se moque de lui : « Ami, je te conseille d'attendre que ton maître s'éveille ; il ne saurait tarder. » En disant cela le chien s'enfuit. En attendant le loup étrangle le baudet.

Ceci nous montre que nous devons nous aider les uns les autres : c'est le moyen de nous tirer de tout danger.

LA FOURMI ET L'ABEILLE. — *Fable XIII.*

A jeûn, le corps tout transi,
Et pour cause,
Un jour d'hiver, la fourmi,
Près d'une ruche bien close,
Rôdait pleine de souci.
Une abeille vigilante
L'aperçoit et se présente.
« Que viens-tu chercher ici ?
Lui dit-elle. —Hélas! ma chère,
Répond la pauvre fourmi,
Ne soyez point en colère :
Le faisan, mon ennemi,
A détruit ma fourmilière ;
Mon magasin est tari ;
Tous mes parents ont péri
De faim, de froid, de misère.
J'allais succomber aussi,
Quand du palais que voici
L'aspect m'a donné courage.
Je le savais bien garni
De ce bon miel, votre ouvrage ;

J'ai fait effort, j'ai fini
Par arriver sans dommage.
Oh! me suis-je dit, ma sœur
Est fille laborieuse ;
Elle est riche et généreuse,
Elle plaindra mon malheur.....
Oui, tout mon espoir repose
Dans la bonté de son cœur.
Je demande peu de chose ;
Mais, j'ai faim, j'ai froid, ma sœur!
— Oh! oh! répondit l'abeille,
Vous discourez à merveille ;
Mais, vers la fin de l'été,
La cigale m'a conté
Que vous aviez rejeté
Une demande pareille.
— Quoi! vous savez? — Mon Dieu, oui :
La cigale est mon amie.
Que feriez-vous, je vous prie,
Si, comme vous, aujourd'hui,
J'étais insensible et fière,
Si j'allais vous inviter
A promener ou chanter?
Mais, rassurez-vous, ma chère :
Entrez, mangez à loisir ;
Usez-en comme du vôtre ;
Et, surtout pour l'avenir,
Apprenez à compâtir
A la misère d'un autre.

LE CHIEN BARBET ET SES PETITS. — *Fable XIV.*

A son fils encor dans l'enfance,
Un fidèle barbet disait : « Je ne veux pas

Te voir sauter, jouer sans cesse avec les chats :
La jeunesse souvent se perd par imprudence.
— Mais ces petits minets sont gais, doux et jolis,
Et je suis certain qu'ils sont de mes amis.
— Non, mon cher; cela ne peut-être :
Le chat est un ingrat, un traître ;
Et tu sauras en grandissant,
Qu'on doit craindre toujours et sa griffe et sa dent.
Pour sauver les dangers de ton erreur extrême,
Avec cet animal il faut rompre à l'instant. »
Qui se lie avec un méchant,
Tôt ou tard le sera lui-même.
Tout bon père à ses fils devrait en dire autant.

LA RENONCULE ET L'ŒILLET. — *Fable XV.*

La renoncule un jour dans un bouquet
Avec l'œillet se trouva réunie :
Elle eut le lendemain le parfum de l'œillet.....
On ne peut que gagner en bonne compagnie.

L'ARAIGNÉE ET LA MOUCHE. — *Fable XVI.*

Avec un travail assidu,
Avec une grande industrie,
Une araignée avait tendu
Ses filets dans une écurie.
Une mouche survint, qui, ne la voyant pas,
Voltigeait à l'entour, et prenait ses ébats.
« Bonjour, venez me voir, lui dit la filandière,
J'ai de sucre et de miel ample provision,
Profitez de l'occasion,
Je vous régalerai, nous ferons chère entière. »
La mouche trop crédule approche ; mais, hélas!

Aussitôt la pauvrette est prise dans le lacs.
Elle fait mille efforts pour se tirer d'affaire.
Plus d'espoir, plus de liberté !
Il faut mourir ! L'insecte sanguinaire
Se jette sur la mouche avec avidité.
« Quel mal vous ai-je fait, lui dit l'infortunée ?
Pour quel crime inconnu suis-je donc condamnée
A souffrir les rigueurs de votre cruauté,
Lorsque je crois chez vous trouver un sûr asyle ?
— Il est vrai que jamais tu ne m'as fait de mal,
Répond le venimeux et perfide animal ;
Mais ta mort me peut être utile ;
Je m'embarrasse peu qu'elle soit juste ou non :
Lorsque je t'arrache la vie
C'est à mon intérêt que je te sacrifie,
Et ce n'est point à la raison. »

Quand les méchants vous font des offres de service,
Précautionnez-vous contre leur artifice.
Qui leur ajoute foi, tôt ou tard s'en repent :
Leur langue est maligne et traîtresse ;
Souvent quand on vous flatte et quand on vous caresse,
C'est un piége adroit qu'on vous tend.

LE RUISSEAU ET LA FONTAINE. — *Fable XVII.*

En passant près d'une fontaine
Où tous les villageois venaient prendre de l'eau,
Du fond de son lit un ruisseau,
Qui sans utilité serpentait dans la plaine :
Lui dit : « Je ne vois pas pourquoi
Tu souffres tous les jours cette foule importune
Qui se rassemble autour de toi.
Ton onde t'appartient, et tu la rends commune !
Tu devrais faire comme moi,

Qui, sachant qu'avant tout on doit vivre pour soi,
Jouis seul de mes eaux, et suis toujours tranquille.
La fontaine lui dit : « Oh! je n'en ferai rien ;
Car je cesserais d'être utile,
Et le plus grand bonheur est de faire du bien. »

****

MAXIMES DE LA SAGESSE,

PAR FÉNÉLON.

I.

Craignez un Dieu vengeur et tout ce qui le blesse :
C'est là le premier pas qui mène à la sagesse.

II.

Détestez et l'impie et ses dogmes trompeurs :
Ils séduisent l'esprit et corrompent le cœur.

III.

Que votre piété soit sincère et solide,
Et qu'à tous vos discours la vérité préside.

IV.

Tenez votre parole inviolablement ;
Mais ne la donnez pas inconsidérément.

V.

Soyez officieux, complaisant, doux, affable,
Poli, d'humeur égale ; et vous serez aimable.

VI.

Du pauvre qui vous doit n'augmentez point les maux.
Payez à l'ouvrier le prix de ses travaux.

VII.

Avec les inconnus usez de défiance ;
Avec vos amis même ayez de la prudence.

VIII.

Du bien qu'on vous a fait soyez reconnaissant.
Montrez-vous généreux, humain et bienfaisant.

IX.

Donnez de bonne grace : une belle manière
Ajoute un nouveau prix au présent qu'on veut faire.

X.

Rappelez rarement un service rendu :
Le bienfait qu'on reproche est un bienfait perdu.

XI.

Ne publiez jamais les graces que vous faites ;
Il faut les mettre au rang des affaires secrètes.

XII.

Prêtez avec plaisir, mais avec jugement.
S'il faut récompenser, faites-le dignement.

XIII.

Au bonheur du prochain ne portez pas envie.
N'allez point divulguer ce que l'on vous confie.

XIV.

Sans être familier, ayez un air aisé.
Ne décidez de rien qu'après l'avoir pesé.

XV.

A la Religion soyez toujours fidèle :
On ne sera jamais honnête homme sans elle.

XVI.

Aimez le doux plaisir de faire des heureux,
Et soulagez surtout le pauvre vertueux.

XVII.

Soyez homme d'honneur, et ne trompez personne.
A tous ses ennemis un noble cœur pardonne.

XVIII.

Aimez à vous venger par beaucoup de bienfaits.
Parlez peu, pensez bien, et gardez vos secrets.

XIX.

Ne vous informez pas des affaires des autres ;
Sans air mystérieux dissimulez les vôtres.

XX.

N'ayez point de fierté ; ne vous louez jamais ;
Soyez humble et modeste au milieu des succès.

XXI.

Surmontez les chagrins où l'esprit s'abandonne ;
Ne faites rejaillir vos peines sur personne.

XXII.

Supportez les humeurs et les défauts d'autrui.
Soyez des malheureux le plus solide appui.

XXIII.

Reprenez sans aigreur ; louez sans flatterie.
Ne méprisez personne ; entendez raillerie.

XXIV.

Fuyez les libertins, les fats, et les pédants.
Choisissez vos amis ; voyez d'honnêtes gens.

XXV.

Jamais ne parlez mal des personnes absentes ;
Badinez prudemment les personnes présentes.

XXVI.

Consultez volontiers. Évitez les procès.
Où la discorde règne, apportez-y la paix.

XXVII.

Sobre dans le travail, le sommeil et la table,
Vous aurez l'esprit libre et la santé durable.

XXVIII.

Jouez pour le plaisir, et perdez noblement.
Sans prodigalité dépensez prudemment.

XXIX.

Ne perdez point le temps à des choses frivoles :
Le sage est ménager du temps et des paroles.

XXX.

Sachez à vos devoirs immoler vos plaisirs ;
Et pour vous rendre heureux modérez vos désirs.

XXXI.

Ne demandez à Dieu ni grandeurs ni richesses ;
Mais, pour vous gouverner, demandez la sagesse.

LECTURE DU LATIN.

La lecture du latin présente moins de difficultés que celle du français : 1°, parce qu'il y a moins de voyelles et de consonnes qu'en français ; 2°, parce que toutes les consonnes se prononcent à la fin des mots.

Il manque en latin :

les voyelles *e*, *ou*, *un* ;
les diphthongues *ien*, *oin*, *oi* ;
les consonnes doubles *ch*, *gn*, *ill*.

L'élève peut du reste lire seul les pièces suivantes, puisque la prononciation est figurée :

Deus creavit cœlum et terram intra sex dies.
Déus créavit célom dies.

Primo die fecit lucem.
dié fécit

Secundo die fecit firmamentum quod vocavit
Sécondo dié fécit firmamentom couod
cœlum
célom.

Tertio die coegit aquas in unum locum
acouas unom locom
et eduxit è terrâ plantas et arbores.
é

Quarto die fecit solem et lunam et stellas.
Couarto

Quinto die aves quæ volitant in aere et pisces
Cuinto cué
qui natant in aquis.
cui acuis.

Sexto die fecit omnia animantia, postremo hominem, et quievit die septimo.
cuiévit

Deus finxit corpus hominis è limo terræ *(terré)* dedit illi animam viventem. Fecit illum ad similitudinem suam, et nominavit illum Adamum.

Deinde immisit soporem in Adamum, et detraxit unam è costis ejus dormientis. Ex eâ formavit mulierem quam (*couam*) dedit sociam Adamo, sicque (*sic-cué*) instituit matrimonium.

Nomen primæ mulieris fuit Eva.

POUR COMPTER.

Unus, duo, tres, quatuor (*couatuor*), quinque (*cuincué*), sex, septem, octo, novem, decem, undecim (*ondécim*), duodecim, centum (*cintom*), mille.

Pater noster, qui es in cœlis, sanctificetur nomen tuum :

Adveniat regnum tuum :

Fiat voluntas tua sicut in cœlo et in terra :

Panem nostrum quotidianum da nobis hodie :

Dimitte nobis debita nostra, sicut et nos dimittimus debitoribus nostris :

Et ne nos inducas in tentationem :

Sed libera nos a malo.

Amen.

Suivez sa marche dans l'arène,
Et vous l'y verrez chaque jour,
Répondant à des cris de haine,
Par des effusions d'amour.
Il apaise la violence,
Il n'oppose que le silence
A la bouche qui le flétrit;
Il a, sur ses lèvres modestes,
Un peu de ces parfums célestes,
Qui coulaient des lèvres du Christ.

Va donc, poursuis ta noble route,
O Prêtre, laisse avec dédain
L'homme d'ignorance et de doute
Te renier soir et matin;
Laisse-le, suivant sa coutume,
Jeter l'opprobre et l'amertume
A quiconque parle du ciel;
Laisse-le, cet enfant du crime,
Cracher sur la toge sublime,
Dont t'enveloppa l'Eternel.

Oh! plus la haine qui l'enflamme
Essaîra de ternir ton front,
Plus il te chargera de blâme,
Et plus nos voix te béniront;
Nos voix adouciront l'injure
De sa parole amère et dure,
De ses cris sales et grossiers;
Nous verserons notre louange,
Comme un parfum sur cette fange
Qu'il sème à plaisir sous tes pieds.

Propriété de Sauvignet.

nent imprégné de l'étude des Ecri-
ures et des Pères; il est nerveux et
ubstantiel, ferme et tendre, grave et
nctueux. Le style pourtant n'a pas
oute la lucidité ni toute la pureté dé-
rables.

Nous avons fait nos efforts pour
ie cet ouvrage soit digne, chez nous,
l'accueil qu'il a reçu en Italie. Tout
, jusqu'à un mot, se trouve repro-
iit avec cette fidélité scrupuleuse qui
nstitue, à nos yeux, la traduction vé-
able. Une longueur de phrase, une
version, une figure un peu hardie,
n n'est effacé sous la plume des
nslateurs.

Quant aux conseils inflexibles et
es que présentent ces méditations

fois que, par les liens de la prédic
tion, vous attachez le joug de la l
sur la tête des hommes rebelles et s
perbes, vous immolez alors spiritue
lement des taureaux au Seigneu
Toutes les fois que, par les aiguillon
d'une réprimande chrétienne, vou
ramenez aux suaves odeurs de la pu
reté, des hommes souillés dans l
fange d'une conscience luxurieuse,
vous faites au Christ, avec la puan-
teur des boucs, un sacrifice qu'il sait
trouver agréable. Toutes les fois que,
par vos exhortations, une ame con-
trite et repentante soupire, à la per
sée de ses fautes, nul doute alors
vous n'offriez mystérieuseme